Pièce 8°F 3036

AF563459

FACILITÉ

de sauvegarder

LES INTÉRÊTS DES MINEURS

EN PROPORTIONNANT LES FRAIS JUDICIAIRES

ET EN MAINTENANT LES DROITS ACTUELS DES OFFICIERS

MINISTÉRIELS ET DE L'ÉTAT

démontrée

PAR L.-J. ALLARD

MEMBRE DE LA SOCIÉTÉ DES ANTIQUAIRES DE L'OUEST

IMPRIMERIE ÉMILE SEGUY

...ES DU PETIT-MAURE ET DE LA SAUNERIE, A PARTHENAY

1883

FACILITÉ

de sauvegarder

LES INTÉRÊTS DES MINEURS

EN PROPORTIONNANT LES FRAIS JUDICIAIRES

ET EN MAINTENANT LES DROITS ACTUELS DES OFFICIERS

MINISTÉRIELS ET DE L'ÉTAT

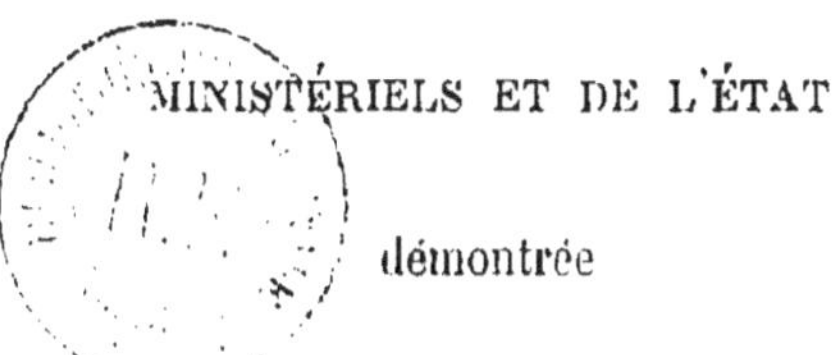

démontrée

PAR L.-J. ALLARD

MEMBRE DE LA SOCIÉTÉ DES ANTIQUAIRES DE L'OUEST

IMPRIMERIE ÉMILE SEGUY

RUES DU PETIT-MAURE ET DE LA SAUNERIE, A PARTHENAY

1883

8° F
3036

FACILITÉ DE SAUVEGARDER

LES

INTÉRÊTS DES MINEURS

Monsieur le Ministre de l'Instruction publique et des Beaux-Arts ayant adressé, le 26 janvier 1883, aux sociétés savantes et notamment à la *Société des Antiquaires de l'Ouest*, dont nous sommes un des membres les moins en lumière, le programme du congrès de la Sorbonne en 1883, pour la section des sciences économiques et sociales, nous nous permettons d'émettre humblement nos idées sur une des questions proposées qui est la suivante :

« Des améliorations qu'il y aurait lieu d'introduire dans la législation civile au point de vue de la conservation des intérêts des mineurs, notamment en ce qui concerne les transactions dans lesquelles ils se trouvent engagés. Aura-t-on quelques emprunts à faire à des législations étrangères ? »

Nous avons exercé un état qui nous a souvent fait déplorer la position très médiocrement fortunée du plus grand nombre des mineurs sacrifiée à des intérêts multiples et à des mesures, édictées comme protectrices, qui devenaient pour eux la plupart du temps désastreuses. Pourtant, dans presque tous les ouvrages qui s'occupent de l'enfance, on fait une obligation au gouvernement de l'entourer de ses meilleures attentions ; on demande qu'à la naissance d'un enfant il remplace au besoin ses parents nécessiteux, inconnus ou défunts ; qu'il lui procure les soins indispensables et qu'il veille soucieusement à ce que la vie et la santé lui soient conservées ; on veut que le développement de ses facultés physiques, intellectuelles et morales se fasse dans les conditions les plus capables d'assurer son bien-être par l'éducation, l'instruction, les idées saines, l'ordre, le travail et l'économie, et son bonheur par l'enseignement et la pratique de toutes les vertus.

Aussi, pour le cas où il perd ses père et mère ou l'un d'eux, la loi a fixé les règles à suivre pour la bonne administration de sa personne et de ses biens; les maximes et les préceptes anciens qui ont été transfusés en elle, dans l'intérêt des orphelins, étaient conformes aux mœurs et aux habitudes de vivre patriarcalement, de rester dans l'indivision, de ne pas aliéner le patrimoine de la famille, mais aujourd'hui que la désunion se généralise, que les immeubles tendent à se mobiliser par des transmissions fréquentes, il y aurait équité à changer ou ajouter certaines dispositions de loi dans le but de faciliter les transactions où les mineurs sont intéressés et surtout de ne pas détruire leurs modestes ressources sous prétexte de les mieux sauvegarder.

Pour y parvenir nous ne croyons pas nécessaire de faire des emprunts à des législations étrangères car il nous semble qu'en cette occurrence plus qu'en aucune autre, il importe d'avoir égard à l'aphorisme posé en ces termes par M. le premier président Troplong : (1) « La meilleure législation est celle qui s'adapte le mieux aux mœurs d'une nation. » Or, il est certainement dans les mœurs de la nôtre d'économiser, de répugner à payer des frais frustratoires de nature à consommer la ruine et d'accueillir toutes les mesures qui peuvent les éviter, à ce point même qu'on passerait volontiers sur les inconvénients résultant, en certains cas, des moyens à employer pour y réussir.

Une loi récente des 27-28 février 1880 a été votée pour interdire au tuteur le droit d'aliéner les valeurs mobilières incorporelles appartenant à l'incapable sans l'autorisation du conseil de famille et pour l'obliger à les convertir en titres nominatifs dans les trois mois de l'ouverture de la tutelle. Lorsqu'il s'agit de valeurs excédant 1500 francs la délibération du conseil de famille doit être homologuée par le tribunal statuant en la chambre du conseil et par jugement en dernier ressort, après avoir entendu le ministère public. Le mineur, émancipé autrement que par le mariage et assisté de son curateur, est soumis à la même obligation. Les valeurs pareilles, les capitaux et les autres choses mobilières advenant au mineur doivent, par

(1) Préface de son *Traité des hypothèques*, p. 18.

le même moyen, être mises en sureté. Le subrogé-tuteur est chargé de surveiller l'accomplissement des devoirs du tuteur, de réunir au besoin le conseil de famille appelé à lui demander compte de ses actes. La conversion de tous titres nominatifs en titres au porteur est sujette aux mêmes conditions et formalités que l'aliénation. En somme cette loi établit de nouvelles précautions qui ne sont point inutiles mais qui sont de nature à entraîner elles-mêmes des frais amoindrissant la fortune de l'incapable.

Le code civil qui régit toujours la matière, en tout ce qui n'est pas contraire à la loi de 1880, accorde une sérieuse protection à l'orphelin ; il le fait pourvoir d'un tuteur et d'un subrogétuteur ; il fixe, parmi les pressants devoirs à remplir par le premier, ceux de faire faire inventaire des choses appartenant à son pupille, en ayant le soin de révéler leurs créances réciproques ; de faire régler le budget des dépenses et de faire vendre les meubles corporels ; il détermine les actes qui entrent dans la gestion de la tutelle et pour lesquels le tuteur agit seul. Tout ce qui est ainsi ordonné n'est pas excessivement onéreux mais cependant les petites successions sont de la sorte fort entamées par les conséquences fiscales auxquelles sont assujettis leur état primitif et sa transformation.

Parmi les actes pour lesquels l'autorisation du conseil de famille est nécessaire, il y a le partage et la licitation, et parmi ceux pour lesquels l'homologation du tribunal est prescrite, il y a l'aliénation des immeubles ; il y a enfin dans ces divers cas des procédures à suivre, des jugements à obtenir et à faire exécuter qui entrainent quelquefois des frais au delà du prix de la vente. A ce sujet, nous ne pouvons oublier un cas où des immeubles, estimés 2,400 francs, ont été presque absorbés par les frais judiciaires.

C'est contre un pareil état de choses que la conscience publique se révolte généralement et fréquemment, lorsque des faits plus fâcheux les uns que les autres se produisent, acquièrent de la publicité et font accuser le gouvernement. Or, ce n'est pas ici comme dans le cas où il fait payer des droits de mutation sans distraction des charges ; au moins alors il invoque pour se défendre la raison qu'il pourrait être dupé par des inventaires frauduleux ; que cette obligation lui paraît nécessaire pour éveiller l'attention des personnes et leur intérêt à ne pas multiplier inconsidérément leurs dettes ; à laisser au contraire leurs successions parfaitement liquides ; que cette précaution a été prise pour la sauvegarde des familles ; pour obliger les majeurs à raisonner leurs dépenses et leurs agissements, et pour les disposer à aliéner leurs biens avant de les avoir saturés de charges ou hypothèques.

Mais dans notre cas de frais judiciaires frappant les incapables et s'ajoutant très souvent aux droits de mutation demandés à des successions obérées, est-ce qu'il pourrait y avoir des reproches personnels à leur adresser, des fraudes à présumer ; des incitations à leur faire ?

Cette condition de supporter des frais frustratoires ou entièrement ruineux nous a toujours paru si exorbitante que par deux fois nous avons donné les moyens de les éviter en certains cas :

Par le premier, nous envisagions la certitude de l'indivisibilité matérielle d'une hérédité immobilière et alors nous conseillions aux propriétaires intéressés avec un ou plusieurs mineurs, dont le plus jeune âgé d'au moins 15 ans et déjà capable de comprendre l'économie, de se porter tous et solidairement fort pour ces derniers mais uniquement pour rendre possible les futures ratifications en majorité, en établissant dans les actes que les vendeurs paieraient les frais judiciaires des licitations tardives si elles étaient nécessitées par le mauvais vouloir des enfants devenus majeurs (pour ne pas dire : les mauvais conseils donnés). Sur cent ventes faites avec ces précautions pour des gens que ces licitations, faites judiciairement, eussent de suite ruiné, et réalisées avec les avantages d'une opération rapide et avant que les amateurs eussent eu le temps de s'entendre ensemble ou de contester la valeur des biens, 95 au moins seraient ratifiées et les cinq autres donnant lieu à des ventes judiciaires avec des frais moindres parce que le nombre des colicitants aurait diminué, occasionneraient des pertes réelles pour ceux qui auraient subi de mauvais conseils, par suite de l'obtention d'un prix moins élevé et de la différence entre la valeur des fruits et le montant plus fort des intérêts des sommes disponibles entre les mains des acquéreurs. Une pareille pratique n'aurait pas de peine à se généraliser si le législateur continuait à oublier les devoirs qui lui incombent d'assurer par une nouvelle loi une bonne application de la proportionnalité dans les frais de justice avec d'autant plus de raison qu'elle doit profiter aux déshérités de la fortune comme il nous sera très facile de le prouver plus loin par de bien simples exposés.

Pour le second, nous nous exprimons en ces termes dans un ouvrage publié en 1882 (1) : « Nous ne laisserons pas le sujet des *cités ouvrières*, ayant pour but de développer chez les travailleurs soit l'amour de la propriété immobilière, soit celui de la sécurité du foyer domestique, sans parler d'un stimulant à quelques égards équivalant pour celles qui voudraient se départir du maintien des ouvriers en simples locataires. Nous l'avons jugé en envisageant, d'une part, les inconvénients pour les fondateurs ou les sociétés créatrices de voir les maisons acquises tôt ou tard possédées par des personnes étrangères, ennemies ou indifférentes, et d'autre part, ceux pour les ouvriers eux-mêmes, d'exposer leurs enfants à liciter les immeubles achetés pour en partager la valeur, et à faire, pour atteindre ce but, des frais judiciaires qui absorbent la meilleure partie de la succession ou de la communauté, quand la totalité n'y passe pas. Ce moyen, qui peut être l'objet d'une convoitise fort appréciable, consisterait à rendre les ouvriers d'abord locataires à prix se divisant ainsi : partie pour le loyer et partie à verser à une caisse convenue ; de telle sorte qu'après la réalisation d'un *maximun* d'économie fixé d'avance, le *droit d'usage et d'habitation* fût irrévocablement acquis aux locataires.

Ce procédé qui assurerait la jouissance viagère pour le mari et pour la femme d'une maison agréable et de ses dépendances moyennant une rétribution se confondant avec le prix de location serait tout à la fois favorable à chacun des père et mère, puisque le survivant d'eux ne serait pas dépossédé comme dans le cas d'une indivision survenante, et aux enfants, puisqu'ils auraient à se partager, sans frais, les valeurs mobilières dont leurs parents n'auraient dû et pu consommer que les revenus. »

Nous avons dit, en commençant, que les intérêts des mineurs étaient sacrifiés à d'autres intérêts ; le moment

(1) *La Question du Paupérisme résoluble par un ensemble de moyens pratiques*, page 39.

est venu de faire connaître les résistances, en apparence insurmontables, qui depuis la promulgation du code de procédure civile jusqu'à nos jours, ont été accusées de s'opposer à l'amélioration de la condition des incapables, en ce qui concerne le sort de leur avoir immobilier, lorsqu'il y a pour eux nécessité actuelle et pressante de le partager ou de le transmettre ; ces obstacles se personnifient :

1° Dans l'Etat qui fait payer pour tous les actes judiciaires et pour les jugements des droits très nombreux de timbre, d'enregistrement, de greffe et d'hypothèque ;

2° Dans les avoués qui ont, d'après la loi, l'attribut de représenter les mineurs, de faire les actes de procédure propres à instruire leurs affaires, à éclairer les tribunaux et d'en percevoir les honoraires. Leurs états des frais préliminaires comprennent les droits de timbre, d'enregistrement et de greffe ; le coût des visites et estimations de biens et des procès-verbaux d'expertise ; le prix de l'impression des placards, de leur affichage et de leur insertion dans les journaux ; les honoraires des avocats ayant plaidé sur des incidents ; ceux des greffiers de justice de paix et des tribunaux de première instance et d'appel ; ceux des huissiers. Toutes les personnes susceptibles de prendre ainsi la plus grande part dans les dépenses dérivant du fait de la minorité agissant à la demande et sous la direction des avoués sont par conséquent placées, à l'exception de l'Etat, dans des rôles très effacés et ne subissent guère les reproches des compatissants nimême ceux des victimes de leur participation à des agapes judiciaires fort onéreuses pour ceux qui les paient. C'est l'ensemble de ces états de frais qui, en s'élevant à des sommes relativement considérables, voire même excessives pour des successions sans importance, frustre les mineurs ou consomme leur ruine. Si les deux puissances qui sont au premier plan et celles qui sont au second ne s'étaient pas prêté un mutuel secours, sans autre concert entr'elles que la normale convergence de leurs intérêts réciproques, il est probable qu'une pareille exagération dans le prix de la protection accordée aux mineurs n'aurait pas duré longtemps.

En une telle occurrence, pour résoudre convenablement la question posée, il faudrait à la fois sauvegarder les intérêts des mineurs et ménager ceux de toutes les autres personnes désignées et de l'Etat. C'est à pouvoir y réussir que nous allons travailler.

Une ordonnance a été rendue le 10 octobre 1841 qui a tarifé les honoraires revenant aux avoués dans les affaires intéressant les incapables ; il y en a de deux sortes : ceux qui sont fixes s'appliquent aussi bien aux petites affaires qu'aux grandes et donnent par suite une première preuve que malheureusement la progression de l'énormité des frais s'affirme dans le sens de la pauvreté ; ceux qui sont proportionnels ne frappent pas les immeubles vendus ou licités d'une valeur au-dessous de 2,000 francs. Pour établir ensuite les chiffres de cette proportionnalité le tarif fait une distinction : Ils sont plus forts quand il n'y a pas d'expertise préalable et alors de deux mille francs à dix mille francs c'est un franc cinquante centimes pour cent francs ; de dix mille francs à cent mille francs c'est un franc pour cent ; de cent mille francs à trois cent mille francs c'est cinquante centimes pour cent et au-dessus de trois cent mille francs c'est vingt-cinq centimes pour cent ; mais quand l'expertise a été faite l'allocation est d'un franc pour cent pour les prix de vente de deux à dix mille francs ; de cinquante centimes pour cent pour ceux de dix mille francs à cinquante mille francs ; de vingt-cinq centimes pour cent pour ceux de cinquante à cent mille francs et de douze centimes et demi pour cent pour les prix au-dessus ; d'où il suit que, sous la seule exception des infortunés possesseurs d'un imméuble de deux mille francs, les forts honoraires frappent les mineurs d'après une progression inique et funeste allant de celui qui a le plus à celui qui a le moins.

L'application des tarifs fait qu'une vente de 10,000 fr. produit aux avoués : (sans expertise) 120 fr. (avec expertise) 80 fr.

Celle de	50,000 f	—	520 fr.	—	280 fr.
Celle de	100,000 f	—	1020 fr.	—	405 fr.
Celle de	300,000 f	—	2020 fr.	—	655 fr.
Celle de	1,000,000 f	—	3770 fr.	—	1530 fr.
Celle de	10,000,000 f	—	26270 fr.	—	12780 fr.

Lorsqu'il n'y a pas eu d'expertise et qu'au lieu de se faire dans une salle de tribunal, les biens s'adjugent en l'étude d'un notaire commis qui a la clientèle et la confiance des parties et connaît des amateurs capables et envieux d'acquérir, les honoraires des avoués et du notaire se divisent, d'après le tarif du 10 octobre 1841, dans les conditions singulières et inégales suivantes : pour une vente

de 10,000f	c'est pour les avoués	50 fr.	pour les notaires	100 fr.
de 50,000f	—	250 fr.	—	300 fr.
de 100,000f	—	625 fr.	—	425 fr.
de 300,000f	—	1375 fr.	—	675 fr.
de 1,000,000f	—	2250 fr.	—	1550 fr.
de 10,000,000f	—	13500 fr.	—	12800 fr.
Pour les 6 ventes ensemble		18050 fr.	—	15850 fr.

Il résulte de ces exemples d'application du tarif qu'une vente de dix mille francs paie un franc cinquante centimes pour cent francs et que celle de dix millions se libère par 263 millimes pour cent francs, c'est-à-dire presque par un sixième d'un franc cinquante centimes.

Notre désir serait, en améliorant le sort financier des orphelins, qu'on fît en même temps disparaître de la tarification cette injuste anomalie, car il ne faut pas perdre de vue que les honoraires des avoués et des notaires tombent toujours à la charge de celui qui se dépouille et que le prix des biens est d'autant plus élevé qu'il y a pour l'acquéreur moins de frais à solder; d'où il convient de tirer cette conséquence que le tarif pour être juste doit être proportionnel à l'infini, ce qui permettrait de faire pour les petites fortunes des réductions qui seraient compensées et au delà par les profits à prendre ainsi très équitablement sur la richesse.

Nous croyons donc bien volontiers qu'on pourrait mettre plus d'harmonie dans la tarification, mais sans nous arrêter aux allocations faites en faveur des notaires et des avoués qui peuvent rester telles, il nous semble facile de rédiger une loi qui obligerait à porter dans les cahiers de charges *un tant pour cent* à verser aux bureaux d'enregistrement et destiné à solder, suivant les tarifs actuels, les frais et honoraires des licitations et ventes des biens où des incapables seraient intéressés et à distribuer ensuite le surplus dans l'année suivante aux colicitants ou vendeurs, d'après la même proportionnalité, tous droits de l'Etat pour perception ayant été préalablement déduits.

Comme les délibérations de famille, les procès-verbaux d'apposition et de levée de scellés, les inventaires, les liquidations et les partages où des incapables sont intéressés entraînent également des frais considérables, excessifs même pour les successions les moins importantes, la même raison de justice devrait disposer le gouvernement à les prendre à sa charge. Nous avons pensé qu'il pourrait également proportionner les frais se rapportant aux actes préparatoires et complétifs, destinés à faire cesser l'indivision entre majeurs et mineurs, en percevant *le même* ou *un moindre tant pour cent* sur la valeur des immeubles, suivant une base générale suffisante pour parer aux frais en question et aux droits de l'Etat occupant ses employés à remplir un tel office dans les mêmes conditions que pour la perception des sommes affectées aux frais et émoluments des ventes et licitations. Evidemment les statistiques fourniraient les données nécessaires pour faire déterminer cette base par une loi.

L'adoption de cette double mesure aurait pour effet d'assurer la péréquation des frais qui frappent injustement la partie de l'humanité qui est, en même temps, la plus faible et la plus pauvre.

A ces deux manières d'opérer qui doivent avoir une si éclatante efficacité pour atteindre le but poursuivi, il serait facile d'ajouter un expédient pour parvenir à la prompte liquidation des affaires quand il s'agirait de successions d'une valeur au-dessous de dix mille francs et par conséquent de cas où les intéressés ne peuvent, sans un réel préjudice, perdre leur temps dans de fréquentes démarches à faire pour activer une longue procédure qui serait loin de leur donner de meilleurs résultats.

Le législateur n'aurait, pour ces cas, qu'à autoriser les notaires à procéder aux licitations, ventes, liquidations et partages des biens de mineurs à la requête de tous les majeurs intéressés et des représentants des mineurs, assistés de leurs avoués ayant étudié, préparé et communiqué les pièces et leurs travaux à un juge délégué ou spécial et au ministère public, et munis à cet effet de la collective autorisation de ces derniers, émanant du greffier pour être annexée en brevet à l'acte de vente, licitation, liquidation ou partage. La valeur indiscutable de ces deux derniers actes, une fois faits, pourrait être subordonnée à l'approbation des deux mêmes représentants de la justice.

Dans de tels cas où des études sérieuses et des travaux minutieux ne seraient pas révélés, comme par les écritures ordinaires des procédures et des jugements et sembleraient presque s'éclipser sous la phraséologie des notaires, il y aurait lieu de laisser figurer à l'actif des avoués et des greffiers les mêmes émoluments que si les affaires avaient suivi la marche longue et tortueuse des actions qui prennent la couleur d'un procès. En intéressant très équitablement les avoués à cette nouvelle pratique, on aurait guère d'exemple où ils ne se montreraient pas zélés et où les parties ne se mettraient pas promptement d'accord.

Nous avons la conviction de proposer dans l'intérêt des incapables des mesures qui apporteraient une entière satisfaction à leurs plus ardents désirs ; elles ne sont pas difficiles à mettre en pratique. L'Etat ne perdrait rien et pourrait même gagner à leur mise en œuvre ; les émoluments des hommes d'affaires ne subiraient aucun changement à moins qu'on ne reconnût la convenance de les augmenter. Ces mesures atteindraient les personnes riches ou aisées en les amenant à adoucir et partager, dans une juste proportion, le sort de ceux qui, par un fâcheux effet des lois et ordonnance et d'une protection très bienveillante mais fort onéreuse, succombent sous le poids de charges exceptionnelles. Nous aimons à croire qu'aucun d'eux ne souhaite de profiter plus longtemps de cette sorte de privilège qui, à leur insu, leur est venu non d'une faveur mais du hasard et de la difficulté d'une tarification générale s'appliquant, en même temps, à de très gros et à de fort minimes intérêts.

Comme nous l'avons vu plus haut, il s'agirait d'introduire dans la législation civile, à la fin du code de procédure, des améliorations de nature à conserver les intérêts des mineurs et notamment en ce qui concerne les transactions où ils se trouvent engagés. Pour nous, les dispositions les plus pressantes à convertir en loi sont celles que nous venons d'indiquer ; il serait urgent de ne pas laisser plus longtemps s'envoler des portions d'héritages qu'il serait facile de retenir et de garder pour des malheureux qui, autrement ou sans cela, en seraient dépouillés. Ce serait bien là, il nous semble, faire d'excellents actes de conservation en même temps que de justice ; ce serait bien aussi s'occuper des transactions où les mineurs sont engagés, car leurs engagements ne peuvent guère provenir que du chef de leurs parents défunts. Or, les liquidations et partages, de même que les ventes et licitations, ont précisément pour objet de faire déterminer leurs droits et de sauvegarder leurs intérêts.

Enfin, sous les autres rapports de la conservation, le code civil, le code de procédure civile et la loi des 27-28 février 1880, nous paraissent présenter de bonnes et suffisantes garanties.

En livrant à la presse la solution de la question proposée, nous tenons à parler un peu de l'accueil qui lui a été fait lors de sa lecture au congrès de la Sorbonne, le 27 mars 1883 ; il était naturel qu'une idée si nouvelle et par conséquent si contraire à celles reçues, donnât lieu à des objections :

La première a consisté à dire que ce système entraînerait la création d'une nouvelle caisse à confier aux employés de l'Etat, en aggravant ainsi la tâche qu'ils ont à remplir. Cette opinion a été soutenue par un second membre en se prévalant de l'assujettissement des perceptions à faire par les receveurs d'enregistrement, puis de la crainte d'exposer ces derniers aux ennuis des recouvrements incertains.

Si le mémoire n'avait pas dû être borné par la durée normale de sa lecture, il n'eût pas été au-dessus de nos facultés de prévoir et montrer que les receveurs n'auraient pas de grands travaux à faire pour répondre à nos espérances ; qu'il n'y aurait rien à perdre puisque les frais de justice sont privilégiés ; qu'une caisse générale est indispensable pour assurer la proportionnalité et que l'Etat ne pourrait, en pareil cas, être remplacé par un autre gérant.

La deuxième se fondait sur la difficulté de codifier les mesures compliquées ; nous y avons répondu en lisant au congrès un projet de loi uniquement écrit pour réfuter l'argument et comprenant deux articles à ajouter au code de procédure civile. Il nous eût été possible de citer, comme preuve de mise à exécution facile, l'exemple de ce qui se pratique depuis 84 ans pour les droits de greffe, si la chose nous eût paru nécessaire.

La troisième se basant sur ce que le gouvernement a présenté aux chambres, un projet de loi qui pourrait réduire les droits et frais perçus à l'occasion des ventes et partages judiciaires d'immeubles ou modifier les bases mêmes des tarifs, notre procédé réformateur a trouvé un sérieux appui dans les réflexions faites à ce sujet. Il a été dit avec une entière vérité, que « dans la législation des mineurs on se trouve en présence d'un problème difficile à résoudre. Si l'on veut protéger le mineur, il faut exiger des formalités pour les actes qui le concernent ; mais si l'on multiplie les formalités, on donne lieu à des frais. » Le problème se complique aussi, d'après le mémoire lui-même et les observations d'un membre du congrès, des intérêts des officiers ministériels. Ce sont cette complication et notre désir de satisfaire à de multiples exigences sociales, nous ayant longtemps paru diamétralement opposées entr'elles, qui nous ont conduit à la découverte bien simple du système qui les concilie.

Pour atteindre un but si souhaitable et si certain, ce n'est pas par *goût* que nous voudrions recourir à l'administration publique de l'enregistrement, nous qui avons nié l'utilité de la création de la caisse d'épargne postale et du rachat des chemins de fer, mais par *nécessité* ; nous regardons comme impossible de fonder la proportionnalité équitable des frais judiciaires sans son intervention, parce que la modification des bases des tarifs ou l'abaissement des droits y seraient impuissant et que les immunités accordées aux successions de peu d'importance constitueraient pour celles-ci un privilège, encore plus onéreux que profitable, qui remplacerait l'écrasement financier contre lequel nous nous élevons et qui laisserait subsister le privilège déjà constaté à l'autre extrémité. Il suffit de lire le projet de loi soumis aux chambres pour être convaincu qu'il en serait ainsi s'il finissait par être voté.

Il ne faut pas perdre de vue que le législateur, en faisant la loi des 27-28 février 1880, a eu la prétention d'amoindrir les frais antérieurs et de rendre supportable le *quantum* des frais nouveaux. Il apprendra certainement avec surprise que la conversion d'un titre nominatif valant 2,000 fr. entraîne actuellement à Paris la perte de 4 à 500 fr. de frais, c'est-à-dire environ le quart du capital. Nous ne supposons pas qu'une pareille conséquence ait été dans ses intentions; nous croyons sincèrement qu'il aurait été plus satisfait de lui-même si, en votant une loi qui aurait adopté notre système, il n'avait fait payer aux mineurs propriétaires du titre en question, que la modeste somme de 40 fr. au plus.

Il se détache de toutes les observations faites que notre système, accusé seulement de complication, n'a pas été discuté comme ne remplissant pas le but pour lequel il est préconisé, ce qui implique, malgré une complexité plus apparente que réelle, susceptible de se simplifier à l'examen, qu'il est parfaitement exécutable et n'attend que d'être autorisé par une loi pour produire de bons effets, nous pouvons ajouter comme résultat d'une longue expérience, de produire même celui de favoriser les délibérations de famille, les constitutions de tutelles et les inventaires qui n'ont jamais été entravés que par la certitude d'avoir à payer des frais spoliateurs.

Parthenay. — Typ. SEGUY.

www.ingramcontent.com/pod-product-compliance
Lightning Source LLC
LaVergne TN
LVHW010221230826
846091LV00008BB/3609

* 9 7 8 2 0 1 9 2 3 6 6 9 4 *